## This Book Belongs To ...

..................................................

..................................................

..................................................

..................................................

Date: _____ / _____ / _____          Page No:

Date:_____ / _____ / _____          Page No:

Date: ___/___/___ Page No:

Date:_____ / _____ / _____          Page No:

Date:_____/_____/_____                    Page No:

Date: ___ / ___ / ___          Page No:

Date: _____ / _____ / _____          Page No:

Date: ____/____/____ Page No:

Date: _____ / _____ / _____                Page No:

Date: _____ / _____ / _____          Page No:

Date: _____ / _____ / _____          Page No:

Date: _____ / _____ / _____          Page No:

Date: _____ / _____ / _____          Page No:

Date: _____ / _____ / _____          Page No:

Date:_____/_____/_____          Page No:

Date: ___/___/___          Page No:

Date: _____ / _____ / _____                    Page No:

Date: ___/___/___            Page No:

Date: _____ / _____ / _____          Page No:

Date: _____ / _____ / _____          Page No:

Made in the USA
Middletown, DE
15 November 2020